CELULAR O TELEFONE DA PESSOA

Luiz Zico Rocha Soares

CELULAR, O TELEFONE DA PESSOA

Frases como: "Alô, de onde fala?", "Alô, quem fala?" ou "Poderia falar com tal pessoa?", usadas para estabelecer interlocução num telefonema, revelam o que era o telefone antes do celular. Principalmente a primeira, pois o pronome *onde* deixa claro que o telefone para o qual ligamos está em um lugar onde esperamos encontrar a pessoa com quem queremos falar.

Mesmo quando pedíamos o telefone de uma pessoa, o número que ela fornecia era o do telefone instalado onde ela poderia ser encontrada: a casa, o apartamento, o escritório, enfim, um imóvel. E quando digo que o telefone estava no imóvel, poderia dizer com mais razão que era parte integrante do imóvel e, portanto, também era "imóvel", em outra palavra: fixo. O celular modificou essa situação.

ANTES DE SAIR PARA A RUA, O TELEFONE ANDOU PELA CASA

O grande avanço dos celulares na história da telefonia foi a libertação dos aparelhos em relação à rede de fios que os interligavam e os mantinham presos a uma parede.

Antes, porém, de passear livremente pelas ruas, o telefone teve de aprender a andar pela casa. Estou falando do telefone sem fio, que liberou parte do aparelho para andar da sala para a cozinha, para o banheiro... enquanto a outra parte – a base – continuava presa à tomada de eletricidade e à rede telefônica. O modo de comunicação entre o telefone de mão e a base fixa já empregava os sinais de radiofrequência, mas com alcance limitado e poucas opções de canal. Isso significava que, quem saísse pela rua usando um telefone sem fio, ou acabaria sem sinal, ou entraria na conversa do vizinho.

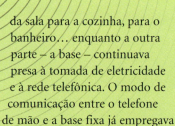

Ao ligar para o celular de uma pessoa, tem-se certeza de que ela vai atender. A certeza é tanta que a frase de saudação não é mais a pergunta "Quem fala?" ou "Com quem estou falando?", mas, sim, um cumprimento direcionado ao proprietário do celular: "Olá, Pessoa, tudo bem?". A pergunta "De onde fala?" também caducou, porque as pessoas andam para cima e para baixo carregando seus celulares e, portanto, podem estar em qualquer lugar.

Comunicação não é casa falando com casa ou apartamento dando recado para escritório; comunicação é pessoa falando com pessoa, e é por isso que o celular entrou nas nossas vidas de forma tão avassaladora: ele é o telefone *da* pessoa.

O JEITO CERTO DE FALAR

Há quem pense que, depois do telefone sem fio e do celular, o telefone comum parece uma bola de ferro acorrentada à nossa perna. Se você pensa assim, saiba que nos primeiros tempos o telefone foi mais fixo ainda. Era uma caixa de madeira presa à parede, com o bocal voltado para a frente. O único ajuste possível era inclinar o bocal para cima ou para baixo, respeitando a altura do adulto. E uma criança, como fazia? Bom, se precisasse mesmo, ela subia em um banquinho; mas era melhor que ela não mexesse em coisa de gente grande!

As instruções ensinavam que a pessoa devia ficar parada diante do telefone e falar na direção do bocal. Se virasse o rosto durante a conversa, o som sumiria. Pelo jeito, além do telefone, o usuário também tinha de ser fixo.

O NOME DA COISA

Nem sempre o nome de um objeto ajuda a entender o que ele é. Mas os nomes de objetos tecnológicos normalmente trazem alguma informação sobre a função, aparência ou alguma característica de uso. Por isso, para começarmos a entender o que é um celular, aqui vão alguns dos nomes que ele recebe mundo afora:

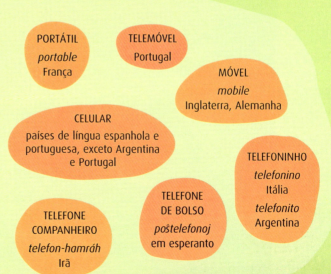

PORTÁTIL
portable
França

TELEMÓVEL
Portugal

MÓVEL
mobile
Inglaterra, Alemanha

CELULAR
países de língua espanhola e portuguesa, exceto Argentina e Portugal

TELEFONE COMPANHEIRO
telefon-hamráh
Irã

TELEFONE DE BOLSO
poŝtelefonoj
em esperanto

TELEFONINHO
telefonino
Itália
telefonito
Argentina

COMUNICAÇÃO A DISTÂNCIA

Se vivêssemos toda a vida sempre juntos, em um espaço restrito (dentro de uma caverna, de uma taba, de uma casa), não haveria motivos para o desenvolvimento de técnicas de telecomunicação; não haveria sequer a ideia da telecomunicação. Mas como os homens se movimentam para todos os lados, acabam criando distâncias e gerando a necessidade de desenvolver formas de comunicação para suprir isso. Uma dessas formas é a telecomunicação.

Quando nem se pensava em telecomunicação, a primeira solução para transmitir mensagens a distância foi usar um porta-recados: alguém que estivesse indo para outro lugar levava recados para os que lá estavam.

TELÉGRAFO ELÉTRICO

Basicamente, o telégrafo elétrico era uma máquina que emitia e recebia pulsos elétricos através de um cabo. Os pulsos, que podiam ser longos ou curtos, eram traduzidos graficamente para um traço ou um ponto. Na prática, os operadores se guiavam pelo som: o sinal longo era um *dah* e o curto um *dit*.

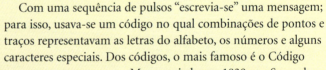

Com uma sequência de pulsos "escrevia-se" uma mensagem; para isso, usava-se um código no qual combinações de pontos e traços representavam as letras do alfabeto, os números e alguns caracteres especiais. Dos códigos, o mais famoso é o Código Morse, criado em 1838 por Samuel Morse. O pedido de socorro S.O.S. (*salve our souls*), em código morse, é representado graficamente assim: ... - - - ..., ou falado: *Di-di-dit dah-dah-dah di-di-dit*.

Note que o funcionamento do telégrafo dependia de cabos elétricos; isso promoveu o desenvolvimento e a instalação das primeiras redes de telecomunicação. Antes do final do século XIX, dezenas de cabos cruzavam todos os oceanos, ligando todo o mundo com mensagens de ponto e traço.

Fosse a mensagem escrita ou falada, o porta-recados enfiava as cartas na bolsa e os discursos na memória e seguia viagem, a pé, a cavalo, a camelo, de navio… Dependendo da distância, a mensagem poderia demorar meses até chegar ao destinatário.

Outra forma de enviar recado era por meio de sinais sonoros: gritar, bater em tambores, soprar cornetas, tocar buzinas. Essas formas surtiam efeito se fossem usadas com parcimônia; caso contrário, causariam muito ruído e nenhuma comunicação.

Havia ainda vários sistemas de comunicação visual: aceno de mão, fogueira acesa, sinais de fumaça, de bandeirolas, mas bastava fechar o tempo e o sistema caía.

Somente por volta de 1840, com a invenção do telégrafo elétrico, a comunicação a distância tornou-se mais rápida e confiável.

PORÉM, O QUE EU QUERIA ERA OUVIR SUA VOZ…

Se a questão da comunicação fosse apenas dar e receber recados rapidamente, o telégrafo teria sido suficiente, e nós estaríamos até hoje nos telecomunicando por *di-di-dits dah-dah-dahs*. No entanto, há uma emoção especial em ouvir a voz de uma pessoa, em sentir essa pessoa, como se ela estivesse presente de corpo e alma. Ao conversarmos com alguém por meio do telefone, a voz materializa a pessoa de tal modo que é como se a distância deixasse de existir e ela aparecesse ao nosso lado. É quase como se tivéssemos ido até ela ou ela vindo até nós. Mas a "mágica" termina quando desligamos o telefone.

Esse poder de eliminar distâncias e "materializar" pessoas foi o que fez do telefone o meio de comunicação ideal. Para ser melhor, só faltava estar sempre junto da gente, aonde quer que fôssemos.

Dá para entender agora qual a importância do celular?

SOLTANDO AS AMARRAS

Com o telégrafo e o telefone, os problemas de telecomunicação pareciam resolvidos. E estavam, desde que você estivesse em um local onde houvesse um aparelho conectado aos fios da rede de comunicação. Se você tivesse de sair, ficaria incomunicável. Claro que, se fosse apenas para uma caminhada perto de sua casa, você poderia providenciar um fio bem comprido e sair carregando seu telefone. Nessa circunstância, bastaria que algumas pessoas saíssem, ao mesmo tempo, para passear com seus telefones para transformar o quarteirão num novelo emaranhado.

A situação piorava numa viagem longa por lugares isolados. Pelo tempo que durasse a viagem, a pessoa ficaria incomunicável. Diga-me onde, no meio do Atlântico, o capitão de um barco avariado poderia encontrar um telefone público ou um posto do telégrafo?

Casos como esses motivaram a pesquisa e o desenvolvimento de um modo de enviar e receber mensagens que não dependesse de um fio ligando as duas pontas da comunicação. E a solução apareceu no final do século XIX: o radiotelégrafo.

Numa comparação entre o telégrafo elétrico e o radiotelégrafo, Albert Einstein comparou o primeiro com um gato muito comprido, do qual você puxava o rabo numa cidade e a boca miava em outra. Já o radiotelégrafo funcionava do mesmo jeito, só que sem o gato no meio...

Se não era através do gato, como a mensagem viajava?

A resposta é: levada pelas ondas eletromagnéticas.

O QUE É ONDA ELETROMAGNÉTICA?

Pode ser que, neste momento, interesse a você saber apenas que a onda eletromagnética é a combinação de um campo elétrico com um campo magnético, que se propaga pelo espaço e tem a propriedade de transportar energia. Se não, siga adiante.

A RADIOCOMUNICAÇÃO

Explicar o que é onda eletromagnética é um pouco difícil, mas entender como funciona a radiocomunicação é mais simples. Vamos lá?

A emissora produz uma mensagem (em código, sonora, visual).

Um aparelho converte a mensagem em ondas eletromagnéticas e as envia para o espaço por meio de uma antena.

Em qualquer local dentro do alcance da emissora, um aparelho receptor capta as ondas através de uma antena e as decodifica na mensagem original.

S.O.S., VOZ, MÚSICA, IMAGEM: NA ONDA

Embora a ideia da radiocomunicação seja bastante simples, a tecnologia para viabilizá-la se mostrou um tanto complexa; então, por muitos anos, as ondas só levaram mensagens em código morse, principalmente onde os fios não podiam chegar. Em 1912, durante o naufrágio do Titanic, muitas pessoas foram salvas graças aos S.O.S. enviados pelo rádio de bordo.

A transmissão de voz e música só se tornaria comum a partir de 1920, já a transmissão de imagem teria de esperar até os anos 1950. Mas rádio e televisão são meios de comunicação de massa – uma emissora falando para muitos receptores ao mesmo tempo – e não são o tema deste livro.

O TELEFONE ESTÁ LIVRE

Paralelamente ao desenvolvimento dos meios de comunicação de massa, foram surgindo as soluções para radiotelefonia.

Essa evolução pode ser dividida em três categorias bem definidas:

1) Aparelhos com base fixa: um exemplo é o radioamador, equipamento grande e pesado que, mesmo livre dos fios, não saía do lugar.

2) Aparelhos com base móvel: usados em veículos de serviço (polícia, ambulância, táxi). Essa categoria inclui também os primeiros telefones celulares, que, por serem ainda muito pesados (e caros), só andavam de carro.

3) Aparelhos portáteis: inclui o *walkie-talkie*, os aparelhos de escuta usados para espionagem e o nosso celular. Há quem tente incluir, nesta categoria, um aparelho de transição, que era um telefone de carro que cabia numa maleta. Tem gente que acha que basta ter alça para ser portátil!

O QUE É A CÉLULA QUE DÁ NOME AO APARELHO?

Uma das grandes ideias que viabilizaram o telefone celular, e que acabou dando nome ao aparelho, é o sistema de células, que, de maneira simplificada, funciona assim:

- A operadora de celulares divide a cidade em pequenas áreas (células).
- Cada célula tem uma torre de transmissão com uma antena de curto alcance e uma estação de controle.
- Todas as estações estão ligadas a uma central de operações.
- As centrais de operação estão ligadas entre si por cabos de transmissão.
- O conjunto dessas áreas sob controle da operadora representa a área de cobertura da operadora.

Agora vamos ver como a coisa funciona na prática.

PSST! ESTOU AQUI

Quando seu celular está ligado, ele emite constantemente um sinal de identificação. A estação que estiver mais próxima capta esse sinal e anota numa lista que o celular está por ali.

ATENÇÃO, QUE AÍ VEM UMA LIGAÇÃO!

João está na célula B e liga para você. A central é avisada e começa a procurar nas listas das várias estações para saber em qual célula você está.
Assim que você é localizado, a estação que cobre sua célula reserva um canal que esteja livre e o avisa: *Trimm!* João quer falar com você.
Você atende e pronto: a ligação foi completada.

"FALANDO BAIXO"

Lembre-se de que o tempo todo que durar sua ligação, você estará "falando" para a torre da sua célula, que passará o recado para a torre da célula B, que "falará" ao ouvido do João. Essa é uma das grandes vantagens das células: os celulares sempre falam com uma torre próxima, por isso podem "falar baixo" (transmitir com baixa potência elétrica), funcionam com uma bateria pequena e são leves, pequenos e portáteis.

MÓVEL

Mas, e se você estiver andando e sair da célula durante a ligação?

Não se preocupe. Pouco antes de isso acontecer, sua torre perceberá que o sinal está ficando fraco; ao mesmo tempo, a célula para onde você está se dirigindo perceberá o aumento do sinal. Como elas são controladas pela central, no momento em que você trocar de célula, a nova já terá reservado um canal livre para sua ligação continuar, e a célula antiga poderá usar o canal liberado para uma outra ligação. E tudo isso sem que você perceba.

REÚSO DE FREQUÊNCIAS

Essa troca de canais, que você nem percebeu, é parte de um "truque" chamado *Reúso de frequências*, que é o verdadeiro motivo do uso das células.

O que acontece é o seguinte: por razões da física e das regras internacionais para o uso das telecomunicações, o número de canais (frequências) disponíveis para o celular é limitado.

Se tivéssemos uma única antena transmitindo em "voz alta" (alta potência) para toda a cidade, todos os celulares dessa cidade teriam de entrar na fila para conseguir um desses canais livre.

O sistema de células resolveu o problema assim: além de dividir a cidade em células e pôr uma antena em cada área, fez com que essa antena transmitisse somente uma pequena parte dos canais, sempre usando baixa potência.

Para evitar interferências nos limites da célula, a distribuição dos canais é feita de modo que duas áreas vizinhas nunca usem o mesmo canal. Essa distribuição cria cinturões de isolamento em torno de cada célula. A vantagem é que, passado o cinturão de isolamento, os canais daquela primeira célula podem ser reutilizados.

Quando essa estrutura se espalha pela cidade, as chances de você conseguir um canal livre aumentam muito.

Outra vantagem do sistema é que, quando uma região fica saturada, ela pode ser subdividida em células menores, mantendo, assim, equilibrada a oferta de canais livres.

Mas chega de texto, o desenho abaixo completa o que tinha de ser dito.

GERAÇÕES

Você já ouviu falar de celular de primeira, segunda e terceira gerações?

Essas gerações não significam que foram projetados para avós, pais e filhos respectivamente. Elas dizem respeito aos saltos de tecnologia que melhoraram e modificaram o uso dos celulares e do sistema de células. O motivo principal da rápida evolução foi levar o celular a mais pessoas.

Eis as características principais de cada uma das gerações, incluindo a que alguns chamam de "geração zero".

GERAÇÃO ZERO (ANOS 1950 A 1980)

Os vários sistemas de telefonia móvel pré-celular funcionavam com baterias de alta potência, tinham poucas linhas à disposição, custavam muito caro e usavam equipamentos grandes e pesados, por isso tudo, mas principalmente pelas duas últimas características, estavam muito além do poder aquisitivo da maioria das pessoas. Na verdade, eram telefones projetados para automóveis de luxo, e seus usuários eram grandes empresários, celebridades ou gente que simplesmente tinha muito dinheiro e queria ter um telefone no carro.

Esses aparelhos podem ser chamados corretamente de pré-celulares, porque a rede que os unia não usava a estrutura de células de transmissão descrita no capítulo anterior, mas sim torres de alta potência e longo alcance. Foram os primeiros telefones móveis a se conectar à rede telefônica normal, ou seja, você podia ligar do automóvel para qualquer telefone comum; nos sistemas anteriores, dos carros de polícia, táxis etc., a rede era exclusiva para aparelhos móveis semelhantes.

PRIMEIRA GERAÇÃO – O TEMPO DAS ONDAS GORDAS (ANOS 1980)

Fazem parte dessa geração os primeiros telefones móveis a usar a rede celular. Esses aparelhos só transmitiam voz (eram somente telefones) e usavam o sistema analógico de comunicação. Nesse sistema, a sua "conversa" com a torre mais próxima era enviada analogicamente, ou seja, sua voz passava pelo telefone e seguia até a torre como uma onda eletromagnética cheia de ruídos e sinais desnecessários para a comunicação. Esse modo de transmissão ocupava muito espaço, sofria muitas interferências e podia facilmente ser interceptado por outras pessoas. Como consequência, o número de linhas ainda era pequeno e as ligações eram instáveis e pouco seguras.

SEGUNDA GERAÇÃO – PARA BOM ENTENDEDOR, UM SINAL DIGITAL BASTA

A principal característica dos celulares de segunda geração é usar comunicação digital em todas as etapas: celular 1 para torre 1, torre 1 para torre 2, torre 2 para celular 2. Há muitas vantagens na comunicação digital: os sinais (sua voz digitalizada, por exemplo) podem ser facilmente compactados e codificados, permitindo que mais pessoas usem o sistema com mais segurança; a transmissão de dados digitais utiliza menos potência, logo seu aparelho pode usar uma bateria menor e mais leve. Finalmente, num sistema digital, outros tipos de dados – mensagens de texto, *e-mails*, imagens – podem transitar, o que dá início ao novo conceito de celular, um aparelho multifuncional a serviço da comunicação.

TERCEIRA GERAÇÃO – TELEINTERNETFONEVISÃO

O que caracteriza a terceira geração de celulares é a capacidade de se ligar de modo cada vez mais eficiente a outras redes de comunicação, como internet, televisão etc. Para isso, vêm sendo feitos grandes investimentos tanto em tecnologia de comunicação – que aumenta a velocidade de transferência de dados (banda larga) – quanto no

aprimoramento dos aparelhos (telas maiores, teclados mais versáteis, processadores mais rápidos) e dos serviços (jogos, programas, *downloads*), especialmente voltados para quem já esqueceu que celular era para ser apenas um telefone.

O APARELHO: O QUE HÁ DENTRO DA CAIXA?

Mesmo o mais simples dos celulares traz dentro de si uma quantidade enorme de tecnologia. De que outra forma você conseguiria enfiar um microfone, um computador, uma telinha, um teclado, um alto-falante, uma antena e uma bateria, tudo numa caixinha que cabe no seu bolso? (E olhe que o bolso pode ser cada vez menor!)

É mesmo fascinante. Porém, o melhor que você pode fazer é nunca abrir seu celular, pois a tecnologia que está lá dentro é tão intrincada e minúscula que a chance de você ver algo que faça sentido é muito pequena. Mas neste capítulo, sob cuidadosa orientação técnica e usando uma escala em centímetros, nós vamos abrir um aparelho, revelar seu interior e satisfazer sua curiosidade.

O CÉREBRO DO CELULAR

Hoje em dia, qualquer celular faz muito mais do que dar e receber telefonemas. Armazenar seus contatos, informar quem está ligando ou ligou e outras tantas facilidades operacionais lembram, e de fato são, as funções de um computador. Para executar todas essas funções, existe, no interior do celular, uma "placa-mãe" que traz acoplados alguns componentes (*chips*) especiais:
• Chip AD-DA: Transforma a voz humana (sinal analógico) numa série de números (sinal digital) e vice-versa.
• DSP – *Digital Signal Processor*, ou processador de sinal digital:

VISOR

Nos primeiros modelos de celular, uma pequena tela de cristal líquido dava conta do recado: apresentar números e um menu simples de navegação. Mas com o crescente número de funções de um celular, o visor vem ganhando a importância de um monitor de computador. O visor se amplia até onde o tamanho reduzido do aparelho permite e passa a usar uma tecnologia (tela de plasma) que possibilita o uso de cores e uma melhor definição de imagem.

Se o celular quer ser máquina fotográfica, filmadora e aparelho de TV, dá para perceber a importância dessa evolução.

Cada quadradinho desta página representa 1 centímetro.

TECLADO

Por meio do teclado permitimos a entrada de dados – números, letras – e damos os comandos de navegação. A maioria dos celulares apresenta um teclado simples, com 17 ou 20 teclas de múltiplas funções.

MICROFONE E ALTO-FALANTE

Os dois volumes – corpo e fone – que caracterizavam o antigo aparelho de telefone não passam hoje de alguns furinhos ou ranhuras na caixinha do celular. Por trás desses furinhos existem os modernos dispositivos, do tamanho de moedinhas, que fazem o mesmo que seus volumosos antepassados faziam: o microfone converte som em impulsos elétricos, e o alto-falante faz o inverso.

BATERIA

Todos os componentes citados anteriormente só funcionariam se houvesse energia elétrica. Por isso,

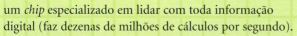

um *chip* especializado em lidar com toda informação digital (faz dezenas de milhões de cálculos por segundo).
• Microprocessador: é o processador central, controla o teclado, o monitor e todos os demais componentes eletrônicos.
• Memória: armazena o sistema operacional do aparelho e seus dados pessoais (lista de telefones, sons etc.)
• Setor de RF: sintoniza e amplifica os sinais de radiofrequência usados nos contatos com a estação transmissora.
• Controle de energia: monitora a carga da bateria.

a redução do tamanho e do peso das baterias foi essencial para a viabilização do celular. Além disso, a possibilidade de recarga tornou tudo mais barato e ainda permitiu aquela cena tão delicada do celular "mamando" energia na tomada da parede.
    A verdade é que se tudo isso não tivesse sido feito, você certamente sentiria seu celular mais pesado depois de ler este capítulo.

ANTENA

Nos aparelhos mais modernos, a gente nem vê, mas ela está lá, embutida. A antena é o componente eletrônico responsável por difundir o sinal que sai do celular e receber o sinal que chega da estação.

"CANIVETE SUÍÇO ELETRÔNICO"

Objetos multifuncionais sempre exerceram fascínio sobre os homens. Ainda quando viviam em cavernas, algumas pedras eram habilmente trabalhadas para servir alternadamente como faca, agulha, martelo etc.

Saltando no tempo, o século XX viu surgir, entre tantas invenções, o canivete suíço e o cinto de utilidades do Batman. Os dois tinham uma coisa em comum: eram uma coleção de ferramentas mecânicas. Mas enquanto o segundo nunca saiu da ficção, o primeiro existe até hoje e se tornou o símbolo do objeto multifuncional por excelência.

Os multifuncionais eletrônicos também existiram ao logo do século XX, chegando a várias soluções que marcaram época e cativaram o público. Só para citar dois exemplos: os aparelhos de som três em um e os computadores de mão (PDA). Mas parece que faltava uma função para se chegar ao verdadeiro objeto digno de ser comparado ao canivete suíço: a função de telecomunicação sem o uso de fio, que, desde os anos 1980, vinha se desenvolvendo aceleradamente.

Finalmente, na virada do século, a fórmula parece ter sido encontrada. De lá para cá, muito do que um aparelho eletrônico pode fazer vem sendo gradualmente incorporado ao celular que, ano a ano, ganha o bolso de milhões de novos usuários, de todas as idades, de todas as classes sociais e todas as regiões do mundo: o celular é o "canivete suíço eletrônico".

O QUE É QUE O CELULAR TEM?

AGENDA / CALENDÁRIO / ALARME
Anote seus compromissos na memória do celular e ele vai avisá-lo quando chegar a hora.

SECRETÁRIA ELETRÔNICA
Alguém ligou e você não pôde atender, a operadora anota o recado.

CADERNO DE TELEFONES
Você monta uma lista com os nomes das pessoas que lhe interessam e seus respectivos números de telefone. Na hora de ligar, é só selecionar um número e apertar um botão.

JOGO ELETRÔNICO
Se até os relógios de pulso já traziam jogos, imagine um aparelho mais moderno, com tela "grande" e um microcomputador interno! Atualmente há jogos variados para você se entreter. Mas, você tem tanto tempo assim?

TELÉGRAFO
(mensagem de texto)

Algumas vezes você não quer, ou não pode, ou não deve falar, então escreva.

MÁQUINA FOTOGRÁFICA

"Uma imagem vale por mil palavras." Se você ia mesmo teclar mil palavras, talvez enviar a imagem seja mais prático.

TV

Quando chamaram a TV de telinha, será que já estavam pensando na TV de bolso? Ela chegou. Em alguns lugares, o celular já sintoniza os canais abertos diretamente, assim como faz o televisor da sua casa.

E-MAIL / NAVEGADOR PARA A INTERNET

Os celulares da terceira geração já navegam na internet.

CALCULADORA

Tudo o que uma calculadora precisa para funcionar (teclado, mostrador, um pouco de inteligência artificial) o celular tem de sobra.

GPS (*Global Positioning System*)

GPS é um sistema muito engenhoso capaz de dizer, com precisão de metros, onde você e seu celular se encontram, isso vale para qualquer ponto do planeta.

RELÓGIO

O curioso dessa função nos celulares é que estamos vivendo uma volta ao passado: cada vez mais, pessoas usam o "relógio de bolso". Será que um dia vão querer o celular de pulso?

LANTERNA

Esse uso não é muito óbvio, mas conheço pessoas que já se livraram de apuros no escuro usando a luz interna do celular como lanterna.

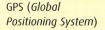

CARTÃO DE CRÉDITO

Em alguns países, o celular já conversa com outras máquinas. Por exemplo, basta apontá-lo para uma máquina de refrigerantes, teclar sua senha de banco e sair bebendo. A conta está paga.

TOCA MÚSICA (MP3)

Hoje em dia, uma música é um arquivo digital de tamanho pequeno. Basta um aparelho com um pouco de memória e um sistema de som para ela ser executada. Se você não for muito exigente, seu celular pode animar um baile.

TELEFONE

A propósito, o celular também faz e recebe chamadas telefônicas.

INVENÇÕES
QUE NOS REINVENTAM

Você já parou para pensar que as cidades são como são em função do automóvel? Que a disposição dos móveis da sala foi influenciada pela presença da televisão, ali no canto? Que as mesas de trabalho tiveram de se organizar para comportar a parafernália de periféricos de um computador? E com relação ao tempo? Quantas horas do dia são gastas na frente da televisão, do MSN, da internet?

Pois é, algumas invenções nos atropelam a vida de tal maneira que em pouco tempo acabam por mudar a nossa relação com o espaço e com o tempo e até o modo como vivemos. O celular, assim como foram o automóvel, a televisão, o computador pessoal e a internet no passado, é uma dessas invenções; depois dele, gostando ou não, somos outra pessoa, com novos hábitos que aos poucos vão modificando nosso uso do espaço e do tempo.

NOVOS HÁBITOS

Nem todos aceitam mudanças da mesma forma. Com relação ao celular, vemos desde pessoas que o repudiam até aqueles que carregam logo três aparelhos, um em cada bolso do paletó, e fazem gosto em usar todos ao mesmo tempo, não importa onde estejam.

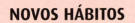

Finalmente, temos de lembrar que, para quem nasceu num mundo repleto de celulares, não faz sentido falar em mudança de hábitos, pois seu comportamento já vem sendo moldado com o celular na ponta do dedo.

ERA UMA VEZ (NO MÁXIMO, DUAS)...

Uma ou outra vez, diante de um problema inesperado, as pessoas até desejavam que existisse uma coisa parecida com o celular — chamemos de um telefone de ocasião. Algumas vezes, essa coisa se tornava realidade: havia um telefone público logo ali e uma ligação resolvia o problema. Mas na maioria das vezes, nem contavam com essa saída. Como, então, resolviam seus problemas de comunicação? A resposta é: tinham hábitos adequados para evitar os problemas.
Nos próximos capítulos deste livro falaremos bastante dos hábitos criados com o aparecimento do celular. Mas antes, daremos um último espaço para a defesa dos que cresceram e se formaram no "velho mundo". No futuro, esta página poderá servir como um relato de como viviam os antigos homens do telefone fixo.

UM DIA COMUM NA VIDA DO HOMEM DO TELEFONE FIXO

Acordava, tomava café. Até aqui tudo igual. Então é que começava sua aventura. Sabendo que não teria um telefone à mão nos próximos cinquenta, sessenta minutos, ele planejava calmamente seus compromissos, fazia as ligações necessárias do telefone de casa e saía para a rua. Nesse período em que estava incomunicável, o homem aprendia a controlar sua ansiedade, primeiro confiando no seu planejamento anterior e, depois, usando o tempo para outras atividades, como ler, conversar com quem estivesse ao lado ou simplesmente refletir sobre a vida. Chegando ao trabalho, onde havia um telefone fixo, ele estava seguro. Trabalhava. Na hora do almoço, saía com alguns colegas para uma refeição rápida; todos conversavam sem serem interrompidos por telefonemas. Voltava ao trabalho. Antes do retorno ao lar, fazia uma revisão dos compromissos, dava os telefonemas necessários, incluindo aquele para a família, em que acertava se devia ou não passar no supermercado ou na padaria, o que deveria comprar etc. De novo incomunicável, enfrentava o retorno ao lar, fazia as paradas planejadas e, pronto, estava na segurança de sua casa, com um telefone fixo. E assim os dias iam passando.
Como se pôde ver, vivia-se sem o celular. Os momentos de incomunicabilidade eram encarados sem medo, com naturalidade, muitas vezes até apreciados. E é justamente para preservar esses momentos que muita gente não quer nem ouvir falar de celular. Temos de respeitar porque, afinal, a opção também é da pessoa.

PERSONALIZAÇÃO:
É O MEU OU O SEU?

Enquanto o telefone pertencia a casa, ao escritório, pouco importava a cara que ele tinha e o barulho que fazia. Era apenas mais um aparelho no ambiente; se cumprisse sua função de telefone, já estava bom. Ao longo de anos, aquela mesinha onde ele ficava viu o aparelho passar por algumas mudanças de *design* e sofrer o acréscimo de algumas funções auxiliares, como o botão *redial*, memória para os números mais discados etc., além de, em alguns casos, ter de abrir espaço para uma secretária eletrônica. O que o celular mudou nessa história é que ele se tornou individual; o aparelho passou a ter um único dono e a acompanhá-lo o tempo todo para todo lado. Nada mais natural, então, que, aos poucos, ele fosse pegando o jeito do proprietário.

TOQUES: IDENTIDADE SONORA

Por um século, o telefone fez *Trrrimmm* para nos avisar que havia alguém chamando, e nunca houve confusão. Nem havia motivos para isso, pois o telefone soava sempre entre as mesmas quatro paredes, produzindo um som familiar a quem vivia na casa ou trabalhava no escritório. Agora imagine se aqueles telefones, todos com o mesmo toque, resolvessem acompanhar seus donos numa ida ao supermercado. Ao primeiro soar da campainha, haveria uma correria às bolsas e aos bolsos para saber qual telefone estava chamando.

Com a proliferação dos primeiros celulares, foi exatamente isso o que aconteceu. Quando um celular disparava em local público, era comum se ouvir: "É o meu ou é o seu?". Era uma agitação de gente batendo nos bolsos, revirando bolsas, até que o dono apertasse

IDENTIDADE VISUAL

Toda vez que você liga seu celular, a tela se ilumina e aparece a imagem de fundo, também chamada de "papel de parede". É uma imagem pequena, mas o fato de se olhar para ela várias vezes ao dia acaba pedindo que a vista seja agradável, ou, no mínimo, sugestiva. Por isso os celulares lhe permitem escolher a imagem com a qual você mais se identifica. É quase tão importante quanto aquela imagem que você vê quando olha diretamente para o espelho.

(Baixe novos papéis de parede; veja nos *sites* indicados.)

APARÊNCIAS ENGANAM

Menos frequente que a confusão dos sons é a chance de alguém levar, por engano, o celular de outra pessoa. Mas torna-se cada vez mais comum a prática de, ao chegar a uma reunião, largar o celular sobre a mesa. Algumas vezes forma-se um verdadeiro estacionamento de celulares. É verdade que, como os automóveis, os celulares são de vários modelos diferentes, mas sempre há um modelo mais popular, milhares de caixinhas saídas da fábrica com a mesma cara, a mesma cor, tudo igualzinho.

Na hora de ir embora, num certo atropelo, você pode, sem querer, levar o telefone de outro. Só vai descobrir quando alguém ligar e chamá-lo pelo nome do verdadeiro dono. Isso se não for o próprio dono querendo saber o paradeiro do celular dele. Por isso tudo, é recomendável que você dê uma marca personalizada ao seu celular: uma etiquetinha colada, um badulaque pendurado ou até uma roupinha de pele de onça. O mercado da moda para celulares oferece várias opções.

o botão de atendimento. Esse foi um problema da primeira geração. Para um objeto sonoro, a solução foi diferenciar os sons. Inicialmente, o *trrimm* desdobrou-se em trechos monofônicos de Mozart, Beethoven, além de uma boa coleção de temas originais, e não parou mais. Hoje você pode escolher o som que quiser e, num mesmo aparelho, pode associar sons exclusivos para as pessoas que costumam ligar mais frequentemente; assim, pelo som, além de saber que é o seu celular que está tocando, você também pode saber quem está chamando. (Veja, no final do livro, indicação de *sites* para baixar novos toques de celular.)

USOS DE UM TELEFONE MÓVEL

Não é preciso ser estudioso dos fenômenos de consumo para perceber que poucas vezes se viu um produto se espalhar com tanta velocidade como o celular. Em aproximadamente 20 anos de existência, havia um celular para cada quatro habitantes do mundo. Já existem hoje mais celulares do que telefones fixos, e em alguns países o número de celulares é superior ao número de habitantes.

O que explica essa explosão de consumo? É claro que a diminuição dos preços do aparelho e dos serviços contribuiu muito. Também os sistemas pré-pagos, que simplificam a administração da conta, ajudaram. Mas a verdadeira razão por trás da multiplicação dos celulares cabe numa palavra: utilidade.

Ainda que continuasse a ser o simples telefone móvel dos primeiros anos, para as pessoas que, como eu, cresceram acostumadas com o telefone

A ASA DA GALINHA

Se pudéssemos listar e contar qual é a frase mais comum com que se atende a uma chamada para celular, certamente essa frase seria "Oi, pai" ou "Oi, mãe". Isso porque o celular tem funcionado como um prolongamento da "longa asa da galinha que cobre os pintinhos". Nesses tempos de insegurança, muitos pais e mães querem saber onde seus filhos se encontram o tempo todo e também querem estar disponíveis caso os filhos necessitem de ajuda.

TIRA-DÚVIDAS INSTANTÂNEO

Muitas pessoas usam o celular para eliminar qualquer dúvida do dia-a-dia. Seja diante da prateleira de supermercado, para saber qual sabor de sorvete o pessoal prefere, seja para lembrar uma data, um nome esquecido. É um modo eficiente de tirar aquela resposta que estava na ponta da língua e passá-la para a palma da mão.

RADAR

Na balada, o rapaz liga para a moça e pergunta:
— Onde você está?
— Fala mais alto que tem muito barulho e tem um cara gritando aqui do lado.
— Aqui também tem gente gritando. On-de vo-cê es-tá?
— No bar!
— Eu também!
— Ah! Oi.

da casa e do trabalho, a novidade do telefone pessoal é tão avassaladora que estamos descobrindo novos usos para essa simples função – falar e ser encontrado a qualquer hora, em qualquer lugar – até hoje. Mas não apenas isso, é possível também consultar a caixa-postal, passar um torpedo, enviar uma foto, baixar uma música, navegar pela internet, conferir conta bancária… Chega uma hora que os usos são tantos que devemos refletir sobre o que é realmente útil, o que é modismo, o que é incômodo.

Por enquanto, vamos ver alguns desses usos típicos do celular-telefone.

RELÓGIO DE PONTO

Não há dúvidas de que um dos melhores usos que se faz do celular seja o de ajustar horários de compromisso. Entre usuários de celular, atrasar-se ou faltar a um encontro sem avisar tornou-se indesculpável.

GUIA DA CIDADE

Há quem use o celular como guia: "Fulano, estou na rua tal. Como faço para chegar aí?". Alguns vão sendo teleguiados até a porta da casa do Fulano.

CONVERSANDO MUNDO AFORA

Andando pelo mundo, vemos coisas que nos fazem lembrar das pessoas. Às vezes, confirmávamos essas recordações comprando lembrancinhas típicas, com identificação: "Estive na Bahia e me lembrei de você". Com o celular, você pode ligar para um amigo exatamente na hora em que estiver saboreando um acarajé. Só não vale falar de boca cheia!

ABUSOS

Com tantos usos, sempre acaba havendo abuso. A experiência tem mostrado que, seja por razões de segurança, seja por respeito ao bem-estar de todos, o celular deve ser usado de acordo com certas regras e com bom senso: respeitar o silêncio que certos locais exigem, acatar as "placas" que proíbem o uso de celular (deve haver uma razão para a placa estar lá) e, de maneira geral, não incomodar os outros, assim como você não quer que os outros, às vezes falando alto, o incomodem.

CENTRAL DE COMUNICAÇÃO E DIVERSÃO

A partir da segunda geração, quando o celular passou a transmitir dados digitais, uma revolução no seu uso já podia ser prevista. Se você já entrou na internet e viu a quantidade enorme de serviços que ela oferece, pode entender a que tipo de revolução eu me refiro; de uma hora para outra, estava aberta a possibilidade do *e-mail* e da navegação por *sites*, tudo através do celular. Foi nesse momento que ele deixou de ser um mero telefone de bolso e se tornou uma central pessoal e portátil de comunicação e diversão.

O problema que resta diz respeito a tamanho; é o preço que temos de pagar pela portabilidade. Também, pudera: não se pode esperar que um aparelho de bolso tenha um teclado e um monitor tão confortáveis como os de um microcomputador de mesa. Mas essa limitação nunca foi encarada como impedimento, e rapidamente o modo de usar o celular vem se modificando.

SMS – *SHORT MESSAGE SERVICE*

O primeiro grande serviço do celular digital foi o SMS, também conhecido como "torpedo". Trata-se da comunicação por meio de mensagens curtas. Letra a letra, catadas com paciência no tecladinho do celular. Por essa época, os usuários mais assíduos da mensagem de texto ficaram conhecidos como a "geração do dedão". Para ganhar agilidade na comunicação e respeitar a limitação de caracteres por mensagem (255 no máximo), desenvolveram uma linguagem compacta, semelhante à usada nos programas de mensagem instantânea.

Associado ao recurso do vibrador (*vibracall*), que substitui a campainha do telefone, o serviço SMS proporciona dois bens enormes para a humanidade. Primeiro, pessoas com deficiência auditiva finalmente podem ter e usar um "telefone" simples e acessível em qualquer ocasião; segundo, pessoas sem deficiência auditiva não precisam ser incomodadas por campainhas e conversas alheias.

Antes do caos se instalar, o SMS e o vibrador trouxeram uma solução para uma questão ética: criaram uma forma de manter-se ligado ao mundo sem perturbar o ambiente.

DIVERSÕES

A possibilidade de baixar arquivos, associada ao aprimoramento do aparelho, transformou o celular numa máquina de diversões. Músicas (MP3), imagens, textos, vídeos e jogos podem ser armazenados, e no momento adequado seu celular pode virar um *walkman*, um álbum de fotografias, um livro, uma minitelevisão ou um console de jogos eletrônicos.

Hoje em dia já existem muitas empresas especializadas em produzir conteúdos – filmes, seriados, animações, jogos – especialmente formatados para os recursos do celular.

INTERNET DE BOLSO

Embora o acesso à internet seja possível, a navegação fica muito prejudicada pela ausência de um *mouse* e principalmente pelo tamanho reduzido da "janela". Seria um pouco como observar o mundo pelo buraco da fechadura. A solução foi adaptar o *site* para o tamanho do buraco da fechadura, com uma navegação apropriada para o teclado do celular, edição condensada dos textos e redução das imagens. Digamos que não é toda a internet, mas é possível extrair um bocado de informação e diversão, muito mais do que um bolso poderia imaginar.

GRILO FALANTE

Lembra-se do personagem que fazia o papel de consciência do Pinóquio? Pois é, seu celular já pode desempenhar um papel semelhante. Várias empresas estão usando o celular como canal de comunicação com seus clientes. Os avisos chegam como mensagens de texto e podem ser desde um lembrete da sua consulta médica ou a escola avisando que haverá prova de matemática no dia seguinte, até uma seleção de notícias do seu interesse, ou o desempenho do seu time no campeonato.

23

COMUNICAÇÃO SOCIAL

Não é comum ouvir falar do celular como um equipamento de importância coletiva, e nem foi por esse aspecto que ele se tornou tão popular. Pelo contrário, todas as propagandas e histórias relacionadas ao celular mostram um equipamento que traz vantagens pessoais.

Contudo, não nos esqueçamos de que a sociedade é o conjunto das pessoas e, atualmente, o cidadão comum, aquele homem sem rosto e sem nome que habita o mundo das estatísticas, passou a ser o cidadão comum que **tem** um celular. Então, se o celular trouxe mudanças para a vida de várias pessoas, ele tem importância coletiva também.

É na soma de todas as mudanças individuais que podemos observar as mudanças em áreas sociais como trabalho, prática da cidadania e segurança pública, entre outras.

COMUNICAÇÃO NO TRABALHO

Um dia de trabalho no planeta é feito de bilhões de solicitações, ordens, comunicados… É o presidente da empresa consultando um diretor antes de fechar um grande negócio de ocasião. É a senhora do segundo andar, no meio de um aguaceiro na cozinha, chamando o encanador.

O que há em comum no fechamento de um grande negócio e no conserto de uma pia é a necessidade de comunicação entre as partes interessadas no resultado do trabalho e a expectativa do resultado.

Um dia de trabalho no planeta é recheado de esperas, atrasos, desencontros… É o diretor parado no meio do engarrafamento e o encanador passando de bicicleta em frente ao prédio da senhora do segundo andar enquanto se dirige para a oficina.

RECLAMAÇÕES

Antigamente, em tempos mais brutos, quando uma pessoa se sentia enganada e tentava expor sua indignação, muitas vezes, além da trapaça, ainda ouvia um sarcástico "Vá reclamar com o bispo!".

Já há algum tempo, numa atitude mais responsável, as empresas (públicas ou privadas) criaram os SACs – Serviço de Atendimento ao Cliente. A sigla, seguida de um número de telefone, aparece em embalagens, cartazes, manuais e, de alguma forma, está dizendo: Este é o telefone do "bispo".

Quantas vezes, porém, uma pessoa deixou de registrar uma reclamação porque na hora da indignação, mesmo tendo à frente os dizeres "Ligue para tal número", faltou-lhe o aparelho de telefone? Algumas vezes a pessoa até anotava o número num pedaço de papel, com o firme propósito de ligar assim que chegasse a casa, mas, passado o calor do momento, a intenção se perdia entre outros compromissos, outras tarefas, e aquele pequeno impulso que poderia mudar alguma coisa para melhor acabava se perdendo. Tendo um celular à mão, torna-se muito mais fácil testar o verdadeiro propósito do "bispo".

O CELULAR DO TRABALHADOR

Os primeiros celulares, por serem muito caros, só eram usados por profissionais que faziam transações envolvendo muito dinheiro. Há bastante tempo o diretor leva um celular no bolso do paletó.

Com o barateamento da telefonia celular, o serviço passou a ser usado para transações de menor monta, e em pouco tempo o aparelho chegou às caixas de ferramentas de todos os trabalhadores. Alguns encanadores levam o seu na maleta, junto do alicate e da chave-inglesa.

Você consegue imaginar a quantidade de trabalho produtivo que o uso de celular viabilizou a todo mundo? O presidente, o diretor, o encanador e a senhora do segundo andar conseguem.

SEGURANÇA

Na próxima vez que você vir um segurança, repare que, nele, a "arma" mais evidente é um radiocomunicador. Pois é, a segurança do próprio segurança é mais garantida pela comunicação do que por outras armas. Quando nos comunicamos, juntamos uma turma, e aí entra aquela história de que "a união faz a força" etc. Você também tem seu radiocomunicador: o celular.

A REDE MUNDIAL DE PESSOAS

Vamos falar um pouco sobre essa ideia de interligar o mundo por uma rede de comunicação. A ideia é bastante antiga e apresentou soluções diferentes ao longo da história. A malha de estradas criada durante o Império Romano seria um bom exemplo da necessidade de pôr em contato várias províncias. Vamos, no entanto, nos restringir às tecnologias mais modernas.

Vimos que no final do século XIX o telégrafo já ligava, com uma rede de cabos elétricos e postos (os nós da rede), as principais cidades do mundo.

Poucas décadas depois do telégrafo, inventaram a rede telefônica, que possibilitou a instalação de telefones em casas, locais de trabalho e mesmo nas ruas, com as cabinas telefônicas, aumentando barbaramente o número de nós. Mais recentemente, a internet se espalhou pelo mundo interligando os computadores.

E, por último, a rede de telefonia celular fez a mesma trajetória, porém com uma característica nova: pela primeira vez, os nós da rede eram as próprias pessoas. Para sermos mais corretos, temos de dizer que o nó ainda se resolve num aparelho, mas como esse aparelho é manipulado por uma pessoa, fiquemos com a primeira imagem: cada pessoa está ligada às demais por meio de uma rede mundial. O próximo avanço nas comunicações seria a telepatia, mas ainda não há sinais de sua viabilidade.

Por enquanto, vamos ver algumas particularidades de um mundo coberto por uma "rede de pessoas".

EMERGÊNCIA, A QUALQUER HORA, EM QUALQUER LUGAR

Pelo celular, qualquer acontecimento ocorrido na presença de uma pessoa pode ser comunicado imediatamente para outra, que pode passar para outra, e mais outra. Assim, potencialmente, qualquer acontecimento se torna conhecido de todos em pouco tempo.

Se dermos atribuições especiais à primeira pessoa, poderemos ter as seguintes histórias.

Pessoa presencia, pelo retrovisor do carro, um acidente de moto; liga para o socorro médico; o resgate chega em poucos minutos.

Passando de carro por uma rua deserta, pessoa presencia dois homens pulando o muro de uma

NOVO TELEJORNALISMO – O CIDADÃO-REPÓRTER

Para as agências de notícias, a multiplicação dos celulares trouxe um ganho extra: cada pessoa com um celular é um repórter em potencial.

É lógico que a simples posse de um celular não basta para transformar alguém em repórter. Afinal, há técnicas e habilidades envolvidas que não vêm no *kit* de celular; mas um fator de sorte – ou azar – pode transformar alguém na única testemunha de um fato de importância crucial, que tem de ser relatado imediatamente: o sequestro

de uma personalidade, a descida de um disco voador ou o engarrafamento na via expressa.

No último caso, não haverá apenas uma testemunha, nem a importância do fato é crucial, mas como as chances de acontecer são muito maiores, o fato entrou na lista. Pois são nessas horas que o depoimento de alguém, ainda que ga-gaguejado, pode ser uma reportagem útil. E então teremos um cidadão-repórter a serviço da comunidade.

Se a causa do engarrafamento for um disco voador, se seu celular tirar fotos e fizer filmes e se os alienígenas não a abduzirem, aí a testemunha se dará muito bem.

casa; liga para a polícia; ladrões são pegos em flagrante. Viajando por uma estrada, pessoa presencia um princípio de incêndio na mata; liga para o corpo de bombeiros; incêndio é combatido antes de se alastrar.

Pessoa presencia um vândalo pichando um monumento público; liga para a polícia civil; vândalo é pego com a mão na lata, é julgado e condenado a limpar a sujeira.

Em todos esses casos, temos de reconhecer a pronta resposta das segundas pessoas, mas sem a primeira e seu celular, talvez tivéssemos mais uma morte por acidente de trânsito, mais uma perda de patrimônio, mais uma área de floresta devastada e uma cidade mais suja.

HISTÓRIAS
DE HOJE

Há um sinal claro de que o celular já faz parte da vida das pessoas: basta assistir a um capítulo de novela, seriado americano, um filme atual e lá estará ele. A qualquer momento, um personagem poderá sacar o telefone do bolso para resolver alguma questão. Isso já acontecia desde o aparecimento do celular nos anos 1980, mas então, o telefone do carro ou o de bolso eram sinais de riqueza, de distinção, só o personagem rico e poderoso tinha a oportunidade de usá-lo; hoje, usar o celular em cena se tornou tão comum quanto entrar pela porta, sentar na cadeira, beber do copo... ações que cabem a todos.

UMA HISTÓRIA NOS TEMPOS DO CELULAR

"Uma mudança de planos em Berlim é comunicada ao espião: 'Mate o mocinho'. Ele desliga o telefone e se concentra no carro que vai cem metros à frente.
Nesse momento, o mocinho liga para a mocinha para dizer que se atrasará para o jantar,

RECURSO DRAMÁTICO

Para os roteiristas e escritores de história em geral, o celular caiu do céu. Embora seja verdade que algumas histórias se tornaram impossíveis num mundo com celular – antes o bandido cortava o fio do telefone de um salão de festas, e garçons, músicos e convidados se viam aterradoramente isolados –, é verdade também que com esse aparelho é possível criar muitas situações. Dá para imaginar, hoje em dia, um local com mais de dez pessoas sem um único celular? Pois então, o número de situações novas que o celular propicia compensa, com sobra, as histórias perdidas. E o seu emprego não é só como mero objeto de cena; em muitas histórias o celular já tem aparecido como objeto-chave, sem o qual a história não evoluiria.
Só para ficarmos na função básica de telefone, como não há restrição de local ou horário para se fazer uma ligação, qualquer diálogo se torna possível.

pois o trânsito em Marselha está complicado.

Ela, caminhando pelas ruas de Madri, concorda rapidamente, pois aguarda ansiosa por uma ligação que já deveria ter recebido do Rio de Janeiro e que irá ajudá-la a desvendar parte da trama que ameaça o mocinho…" e por aí vai.

Mas como nem tudo são flores na vida de um herói, há sempre a oportunidade de colocá-lo em apuros, simplesmente levando-o a um local fora da área de cobertura, no interior da Espanha. Aí a coisa complica um pouco. Mas não se preocupe, o mocinho ainda é o mocinho! "Subindo numa árvore, ele logo recupera o sinal, a mocinha o avisa de que a velhinha de Hamburgo é a responsável, o mocinho acha o agente da Scotland Yard num *pub* em Londres, este acha o agente de Hamburgo numa cervejaria, a velhinha é presa, o espião é avisado que o plano foi abortado e tudo acaba em final feliz, num restaurante numa praia da Catalunha, o mocinho e a mocinha rindo… de repente, o celular toca."

A história lhe parece fraca? Então tente montá-la sem o celular.

PRAZO DE VALIDADE

Alguns objetos se tornam tão "naturais" na vida da gente que, na hora de reconstituir épocas passadas, podemos nos esquecer de que eles não existiam.

Isso acontece algumas vezes nos filmes e se tornou passatempo dos "caçadores de erros históricos em filmes de época". Se você gosta de encontrar esses tipos de erros, fique atento para os celulares: logo, logo eles vão começar a viajar no tempo e aparecer no bolso da calça apertada do rapaz da discoteca, na bolsa de um *hippie* dos anos 1960, no *jeans* do motociclista dos anos 1950…

Se você encontrar um dos celulares citados acima, cuidado! São tão falsos quanto um relógio no pulso de um soldado romano…

FAÇA SUA HISTÓRIA

Você também pode usar seu celular para fazer da sua vida uma história interessante. Com a vantagem adicional de, mais tarde, contar a história para qualquer pessoa, a qualquer momento, em qualquer lugar, usando o próprio celular.

NO FUTURO...

Quem acompanhou a rápida evolução dos celulares – do tijolo com uma anteninha até os aparelhos atuais – diria que o futuro já está sendo vivido há bastante tempo.

Se pensarmos somente na função original de telefone móvel, podemos dizer que o celular atingiu desenhos excelentes; com a tecnologia *bluetooth*, até as mãos foram dispensadas de segurar o aparelho! (O aparelho, no bolso, controla um fone-microfone que vai pendurado na orelha.)

Os problemas maiores estão relacionados às novas funções que foram incorporadas ao celular: SMS, ver imagens, navegar na internet. Pois pode

O QUE FARÁ O CELULAR?

Entre as tantas funções que um celular desempenha atualmente, não existe a de bola de cristal; portanto, para falar do futuro do próprio celular, o melhor caminho ainda é buscar informações nos centros de pesquisa tecnológica.

Espera-se que em pouco tempo o celular poderá:

Ler códigos impressos usando um sistema semelhante ao código de barras. Já existe uma linguagem chamada semacode, cujos "recados" têm a aparência de um quadrado formado por quadradinhos pretos e brancos. Ao fotografar um desses códigos, impresso num cartaz ou numa embalagem, com seu celular, ele o interpreta e, por exemplo, pode conectar um site que traz mais informações sobre o assunto do cartaz ou da embalagem.

Conversar com outras máquinas usando a tecnologia *bluetooth* (troca de informações entre aparelhos eletrônicos a curta distância, por meio de radiofrequência).

Interpretar textos impressos usando um *scanner* e programa de reconhecimento de caracteres.

ter certeza de que agora mesmo há milhares de engenheiros, técnicos, *designers* quebrando a cabeça para melhorar o desempenho desses componentes. E se pensamos que a solução do teclado virá de um novo desenho mágico, ela poderá sair de uma nova tecnologia de reconhecimento de voz, que eliminaria de vez o teclado. Esse futuro ainda não chegou, mas, se for bom para os usuários, é para daqui a pouco.

TEM UM TELEFONE NO MEU APARELHO!

Uma saída que já vemos nos novos aparelhos, e que deve se acentuar, é a diversificação de desenhos para atender a usos mais específicos. Alguém que use mais mensagens de texto, por exemplo, pode preferir um aparelho maior, com um teclado completo, que facilite a digitação; quem lida basicamente com imagens, trocaria o teclado por uma tela maior, mais confortável...

É como se invertêssemos o produto. Por exemplo, para um internauta assíduo, o celular seria um navegador portátil (*browser*); para um fotógrafo, o aparelho seria um visualizador de fotos; para você, seria o aparelho eletrônico que você imaginar, e em todos os casos, a função do telefone viria de "brinde".

Aceitar comandos de voz, como por exemplo, "Celular, por favor, ligue para minha mãe".

Interpretar o que você fala e fazer tradução simultânea para outro idioma.

Essa função, de tradução simultânea, parece ser a mais complicada, mas vale dizer que já existe um celular que vem preparado para interpretar latidos diferentes: de fome, de dor, de alerta etc. Dá para imaginar os cachorros de estimação usando celular?

NOTA DO AUTOR

Quando comecei a escrever este livro, achei que ele seria recheado de críticas ao "modismo" do celular. Chego ao final surpreso com o resultado do livro e comigo mesmo. Hoje considero o celular uma das melhores invenções do homem, justamente porque, como poucas vezes se viu, ele chegou e continua chegando até as pessoas. Eu ainda não tenho celular, mas, no futuro...

GLOSSÁRIO

Anatel – Agência Nacional de Telecomunicações – Órgão do Ministério das Comunicações que regulamenta e fiscaliza as regras de telecomunicações no Brasil.

Área de cobertura – Região em que a operadora de telefonia móvel presta serviço.

Área de sombra – Local onde o sinal do celular é reduzido ou interrompido por barreiras naturais (montanhas) ou artificiais (túneis, edifícios, estacionamentos subterrâneos).

Bluetooth – Tecnologia que permite conectar vários aparelhos sem utilização de fio, através de ondas de rádio de curto alcance.

CDMA (*Code Division Multiple Access* ou Acesso Múltiplo por Divisão de Código) – Técnica de transmissão codificada de sinais digitais que permite atender um número maior de usuários na mesma faixa de frequência.

Clonagem – Cópia ilegal dos dados que identificam um telefone celular.

Estação móvel – Nome oficial do telefone celular.

Estação rádio base – Estação fixa do Serviço Móvel Celular, popularmente conhecida como "torre de celular".

GIF (*Graphics Interchange Format* ou Formato para Intercâmbio de Gráficos) – Arquivo digital de imagem que utiliza 256 cores.

GSM (*Global System for Mobile Communications* ou Sistema Global para Comunicações Móveis) – Sistema de telefonia celular digital baseado em divisão de tempo. Armazena os dados do usuário em um *chip*.

Java – Linguagem de programação utilizada para várias aplicações de celulares, como jogos.

JPG ou JPEG – Arquivo digital de imagem que admite grande compactação.

MMS (*Multimedia Messaging Service* ou Serviço de Mensagens Multimídia) – Serviço de envio de imagens, fotos e textos em formato de mensagem. Pode ser enviado para outro celular ou para um *e-mail*.

MP3 – Arquivo digital de som (música) que admite grande compactação. Alguns celulares armazenam e reproduzem músicas nesse formato.

Operadora – Empresa que oferece o serviço de telefonia móvel celular.

Pós-Pago – Plano em que o cliente paga pela utilização dos serviços da operadora depois de determinado período, estipulado em contrato.

Pré-Pago – Plano em que o cliente paga antecipadamente pela utilização dos serviços da operadora, comprando créditos no valor desejado.

Ringtone (toque de celular) – Som emitido pelo telefone para avisar que está recebendo uma chamada.

Roaming (perambulando) – O uso do celular fora da área coberta pela operadora.

SMS (*Short Message Service* – Torpedo) – Serviço de envio de informações por meio de mensagens curtas de texto.

TDMA (*Time Division Multiple Access* ou Acesso Múltiplo por Divisão de Tempo) – Técnica de trasmissão de sinais digitais que divide um canal de frequência em intervalos de tempo permitindo atender um número maior de usuários.

Tempo de conversação – Tempo total de duração da bateria quando o celular está sendo usado para receber ou fazer uma chamada.

Tempo de espera – Tempo total de duração da bateria quando o celular está ligado, pronto para fazer ou receber chamadas.

Toques monofônicos – Toques que emitem sons em um único timbre.

Toques polifônicos – Toques que simulam vários instrumentos tocando ao mesmo tempo.

Wallpapers – Imagens usadas como fundo de tela do celular.

WAP (*Wireless Application Protocol* ou Protocolo para Aplicações sem Fio) – Protocolo para aplicações sem fio, como acesso à internet.